QUELQUES IDÉES

SUR LA CRÉATION D'UNE

FACULTÉ LIBRE

D'ENSEIGNEMENT SUPÉRIEUR

QUELQUES IDÉES

SUR LA CRÉATION D'UNE

FACULTÉ LIBRE

D'ENSEIGNEMENT SUPÉRIEUR

LETTRES ET PROGRAMME

PARIS

IMPRIMERIE DE ADOLPHE LAINÉ

RUE DES SAINTS-PÈRES, 19

1871

QUELQUES IDÉES

SUR LA CRÉATION D'UNE

FACULTÉ LIBRE

D'ENSEIGNEMENT SUPÉRIEUR

A M. Ernest Vinet, bibliothécaire de l'École des beaux-arts.

Paris, 25 février 1871.

MON CHER AMI,

Il peut paraître singulier que je choisisse le lendemain d'une si terrible épreuve pour parler d'instruction supérieure. Je le fais à dessein, et je crois le faire à propos. C'est l'Université de Berlin qui a triomphé à Sadowa, on l'a dit avec une raison profonde; et il faut être aveugle pour ne pas voir l'ignorance française derrière la folle déclaration de guerre qui nous a conduits où nous sommes. On dit partout qu'il faut refaire des hommes, c'est-à-dire refaire dans les hommes le culte des choses élevées et le goût des études difficiles. C'est assurément une nécessité pressante; mais auparavant ne faut-il pas créer l'élite qui, de proche en proche, donnera le ton à toute la nation? Refaire une tête de peuple, tout nous ramène à cela. L'instruction supérieure touche donc de très-près au premier, au plus urgent de nos problèmes politiques.

Plus tard, on reprendra la question dans son ensemble, et je compte bien être de cette bataille. En ce moment je vais au plus facile, — et ce n'est pas le moins pressé : — je voudrais tenter d'organiser en France *l'instruction libérale supérieure.*

L'instruction libérale existe dans notre pays (j'entends par là l'instruction générale que reçoivent nos classes moyennes), mais il lui manque un couronnement et une fin : vous le savez comme moi. Le collége donne l'enseignement élémentaire; il forme des hommes qui savent leur langue, un peu de latin, quelques dates. Les hautes Écoles spéciales, celles de droit et de médecine, l'École polytechnique et l'École normale forment des capacités purement professionnelles. La Sorbonne et le Collége de France forment des hommes d'un esprit orné, des causeurs. Mais l'homme instruit, observateur sagace des grands mouvements d'esprit de son siècle, capable de les modérer ou de les seconder; mais le citoyen éclairé, juge compétent des questions politiques, capable de les discuter solidement et de diriger l'opinion, d'où sortent-ils? où est l'École qui les prépare? Les esprits de cette valeur qu'on rencontre çà et là dans le monde se sont faits eux-mêmes, comme ils l'ont pu, par des moyens qu'ils ont créés de toutes pièces. Ils sont « les dons du hasard », et le hasard ne les prodigue pas. Cette classe moyenne de l'intelligence, qui est la force et le lien d'une société, manque presque complétement en France.

Lacune funeste! Une nation tombe chaque jour plus bas, quand les savants n'ont pas d'autres auditeurs que les hommes spéciaux, quand l'homme d'État ne trouve d'auxiliaires entendus que chez les gens en place, de critiques compétents que chez les candidats qui convoitent la sienne. Pourquoi les grandes œuvres d'érudition, de science et d'art, n'ont-elles jamais pu se faire en France sans l'appui de l'État? — C'est qu'en dehors des hommes spéciaux, personne n'est en mesure d'en comprendre la valeur et de s'y intéresser. Pourquoi le gouvernement de l'opinion appartient-il au journalisme frivole autant et plus qu'au journalisme sérieux? C'est que les hommes qui pourraient apprécier la presse éclairée, la mettre à son rang, sont en trop petit nombre pour la faire vivre. Entre autres choses très-nécessaires, il a manqué à la France d'avoir su faire essaimer tous les ans deux ou trois cents esprits hautement cultivés, qui, mêlés dans la masse, y auraient maintenu le respect du savoir, l'attitude sérieuse des intelligences et l'habitude saine de faire difficilement les choses difficiles. Le parti de ceux *qui jugent sans étude et décident de tout* (hélas! ils n'étaient que gentilshommes du temps de Molière, ils règnent aujourd'hui) en aurait reçu un coup mortel.

Je crois donc, mon cher ami, signaler à la fois un mal sérieux et son remède, quand je dis: « la haute instruction libérale n'existe pas en France; il faut l'organiser. »

Comment l'organiser? Est-ce en adressant sous pli au ministre compétent un projet voué d'avance aux cartons et à l'oubli? Non certes. Commençons, — il n'est que temps, — à faire nos affaires nous-mêmes. D'ailleurs il n'appartient pas plus à l'État de faire des essais et du nouveau en matière d'enseignement que de spéculer en matière de finances. Il n'y est pas propre; il a je ne sais quelle roideur dans la main; c'est la rançon de sa force et de sa grandeur. L'initiative privée est hardie, active et souple. C'est l'honneur des pays libres que des associations spontanées se chargent de faire l'épreuve de toutes les idées nouvelles, et la vigueur morale d'un peuple se mesure à la part que chaque citoyen prend dans ces sortes de tentatives. La liberté n'appartient qu'à ceux qui mettent de leur âme dans beaucoup de grandes affaires et qui ont la passion de les garder sous leur main.

Voilà pourquoi je viens à vous, mon cher ami, — et je vais de même aux esprits distingués qui ne se sont pas élevés au-dessus du patriotisme et jusqu'à l'indifférence. — Je vous dis à tous : « Unissez-vous à moi dans une œuvre qui peut concourir largement au salut du pays. Fondons ensemble, offrons à nos concitoyens, ouvrons aux étrangers une Faculté libre où s'achève l'instruction des classes libérales. »

Nous serons aisément d'accord, je crois, sur les grandes vues qui doivent diriger l'exécution. Permettez-moi de développer celles qui m'ont dicté le programme que vous allez lire.

Ma première pensée a été de diminuer l'immense écart qui sépare l'homme du monde du savant et du lettré, le citoyen de l'homme politique. — Le savant et le lettré forment un groupe au sommet d'une colline d'où ils découvrent les plaines sans cesse agrandies de la science; l'homme du monde gravit avec peine un seul versant, le versant classique, et il s'arrête aux premières pentes. — Le politique digne de ce nom a un vaste savoir expérimental qui sert de contrôle à ses principes abstraits; le citoyen vit sur quelques lieux communs et sur l'empirisme assez pauvre qu'il puise dans la chronique quotidienne des faits, telle que les journaux la donnent. Pour que la communication soit rétablie entre deux classes si inégalement pourvues, il importe que le cadre du haut enseignement libéral soit varié et presque encyclopédique; qu'il reste de très-peu en deçà des limites de la science constituée, et qu'il se déplace avec ces limites quand un effort de l'esprit les recule. La juste mesure, c'est que l'homme et le citoyen éclairés, sans être tenus de parler la langue du savant, de l'érudit et du politique, soient toujours en état de l'entendre. La *distinction intellectuelle* n'est pas plus, elle n'est pas moins que cela.

Vous reconnaîtrez aisément cette préoccupation dans la liste des quatorze cours inscrits au programme. Du droit constitutionnel à la philologie, des recherches sur l'antiquité de l'homme à l'histoire des institutions militaires, le champ que parcourt l'esprit est immense : c'est celui de la science elle-même. Je n'ai point prétendu en donner la pleine possession; mais j'ai voulu que nos disciples n'abordent en étrangers aucune partie de la connaissance humaine.

L'éducation très-insuffisante de nos colléges et de nos écoles supérieures nous laisse dans l'ignorance de presque tous les éléments de la vie contemporaine. C'est une immense et déplorable lacune. Le moins qu'on puisse attendre d'un homme cultivé, c'est *qu'il connaisse son temps*. Nos colléges enseignent beaucoup de choses excellentes; ils n'enseignent pas cela. Rien n'est plus douloureux à suivre que les efforts de nos jeunes gens pour se mettre au courant des idées dirigeantes de leur époque. Combien n'en ai-je pas vu qui se faisaient plus aisément les concitoyens de Lycurgue et de Platon que ceux de Tocqueville, et les contemporains de Virgile que ceux de Victor Hugo et de Tennyson! Il importe que chaque nouvelle génération entre dans la vie moderne sans étonnement, qu'elle sache s'y reconnaître et s'y mouvoir, et que, s'il lui reste encore beaucoup à *apprendre*, elle ne perde pas du moins deux ou trois années à *se renseigner*. Mettre sous les yeux des jeunes gens le mouvement de l'esprit dans toutes les voies de la connaissance humaine pendant la dernière et la plus récente étape, voilà donc le complément le plus indispensable de l'éducation libérale.

En lisant le programme, ne prenez donc pas pour définitives et closes ni la liste des cours relatifs à la politique, ni celle des cours relatifs aux lettres, sciences et arts. Ces listes restent ouvertes. Tout chargé de ses fruits, le tronc reste préparé pour la greffe, et je compte y insérer successivement toutes les branches que l'esprit gonflera d'une sève nouvelle, tandis que je laisserai tomber un à un les rameaux d'où la vie se sera retirée.

Un autre point qui ne m'a pas moins préoccupé, c'est de marquer l'enseignement d'un caractère historique et critique plutôt que dogmatique. Les axiomes et les théories absolues ne sont bien placés que dans l'instruction élémentaire. On dit à l'enfant : « Écoute, retiens et crois. » Au jeune homme et à l'homme mûr, il faut dire : « Vois, compare et juge. » Grouper, exposer, expliquer et commenter des faits, voilà en quatre mots tout l'enseignement supérieur.

Le tour historique et critique de l'enseignement sera particulièrement utile en politique. On tombe toujours du côté où l'on penche. Nous avons le goût des généralités dans toutes les sciences, mais nous ne les avons jamais plus prodiguées qu'en matière d'organisation sociale. On appelle cela « les principes ». Je pense beaucoup de bien des principes; mais il me semble qu'en ce genre tout est dit, et c'est une tout autre chose que j'aimerais à voir enseigner. Que ces grandes généralités soient *vraies* en gros, nul ne le conteste; mais l'expérience seule fixe la limite précise où elles cessent d'être *pratiquement exactes*. Je parle ici, vous m'entendez sans peine, de la haute et vaste expérience qui dresse sans hâte ses tables d'observations, tient compte de tous les éléments, saisit toutes les analogies, et n'omet aucune des corrections que suggère la différence des temps, des lieux et de la race. Les cadres de ce savoir expérimental, voilà ce que l'instruction supérieure doit fournir aux citoyens. Quand tout le monde est avocat et déclame, c'est par des connaissances positives que se distingue l'homme digne de conduire l'opinion.

Contemporain par le fond, historique et critique par la forme, l'enseignement nouveau se distingue à ce double titre de celui qui est dispensé à la Sorbonne et au Collége de France. Les cours de ces deux grandes écoles officielles sont élevés, encyclopédiques, et la dernière ne craint pas d'aborder les questions contemporaines. Mais il y manque l'harmonie et l'unité de vue. Tandis que l'enseignement d'une chaire sera dogmatique, l'enseignement de la chaire voisine sera historique. L'un des cours sera limité à un point très-particulier de la science, tandis que l'autre se répandra sur tout le domaine d'une autre science. Rien ne ressemble moins à un tout ordonné et systématique, dont les parties se tiennent et s'éclairent l'une par l'autre. Cette unité précieuse est ce que j'ai cherché et trouvé, je l'espère; vous le verrez par le programme. Quatorze cours y décrivent une sorte d'enceinte continue où se déroule, sous forme de récits ou d'analyses, tout le mouvement de la vie et de la pensée contemporaines.

Dans ce mouvement, j'ai donné le premier rang à la politique. Avant d'orner sa vie, il faut vivre. Dans un temps où la stabilité et l'harmonie sociales sont si instamment menacées, l'éducation des citoyens passe la première. J'ai eu soin d'ailleurs de cantonner la politique dans les cours intérieurs, qui n'ont pas d'autres auditeurs que les élèves inscrits. Tacite dit qu'Auguste pacifia l'éloquence en la reléguant dans l'ombre des écoles. Par le même moyen, — mais à meilleure intention, — j'ai entendu pacifier, épurer, élever l'enseignement de la politique. Les déclamations et les allusions n'ont pas de prise sur un public studieux. J'ai écarté tout autre public et principalement ces auditeurs de hasard qui apportent autour des chaires les mêmes dispositions qu'au théâtre.

Il ne me reste, mon cher ami, qu'à prévenir une objection grave. Le cadre de l'enseignement, vous l'avez vu, est immense. La période scolaire, vous allez le voir, n'est que d'une année. L'instruction ne pourra donc éviter d'être sommaire, et « sommaire » n'est-ce pas l'équivalent de « superficiel » ?

Assurément j'aurais volontiers pris plus d'espace. Un roulement triennal, par exemple, aurait donné plus d'air à l'enseignement et en aurait agrandi l'ordonnance. Mais j'ai dû tenir compte des circonstances et de nos habitudes. En France, presque toutes les familles ont hâte d'engager leurs fils dans la vie active; elles sont plus portées à abréger qu'à prolonger le temps des études générales. Je ne pouvais, au lendemain de tant d'infortunes, leur demander le sacrifice de plus d'une année. D'ailleurs, il n'est pas vrai que la courte durée de l'enseignement en ôte nécessairement la moelle et le fruit. Les détails de la science ne s'enseignent pas; on les apprend par un travail personnel. Ce qui se transmet du haut des chaires, c'est le goût d'un certain genre de connaissances, le vocabulaire qui en donne l'accès, la méthode qui permet de s'y diriger, l'esquisse générale qui en résume les principaux résultats. De nombreuses esquisses générales, voilà le don le plus précieux de tout enseignement, et surtout de l'enseignement supérieur. Avec aussi peu de détails qu'on voudra, — ceux-ci servant seulement d'amorces et de points d'attache, — elles sont, par excellence, un lieu de dépôt tout préparé où s'arrangent et se classent elles-mêmes les notions du même genre que l'esprit rencontre sur sa route. L'homme qui est muni de ces cadres variés apprend toute sa vie, en causant, en lisant, sans y penser et sans effort.

Je n'ajoute qu'un mot, mon cher ami, et ce mot me ramène à une pensée que j'ai exprimée en commençant.

L'enseignement nouveau s'adresse aux classes qui ont une position faite et le loisir de cultiver leur esprit. Ces classes ont eu jusqu'ici la prépondérance politique ; mais elles sont menacées. Elles avaient établi leur première ligne de défense sur les hauteurs de la naissance et de la fortune ; elles avaient pour elles les lois et les mœurs. Voici que partout les mœurs les trahissent, les lois les abandonnent. La chambre haute héréditaire a été abolie en France ; ses prérogatives déclinent ailleurs. Le cens électoral a disparu en France ; il tend à s'abaisser dans tous les pays de l'Europe. Le paysan exclut de son conseil municipal le grand propriétaire, le descendant des anciens seigneurs locaux. L'ouvrier prend pour règle de son vote le contre-pied du vote de son patron. Dans cette ruine des exclusions qui leur réservaient le pouvoir, dans ce déclin des sentiments qui leur assuraient l'influence morale, les classes qui représentent des situations acquises risquent fort de se voir exclues à leur tour de ce *pays légal* qu'elles ont si longtemps interdit au grand nombre. Revanche excessive au point d'être injuste, mais qui me laisserait assez indifférent, si, en frappant les hommes, elle n'atteignait les deux conditions vitales de toute société progressive, l'empire de l'esprit et le gouvernement par les meilleurs.

Voilà ce qu'il ne faut pas laisser périr. Ce serait folie aux classes menacées de croire qu'elles pourront, par la résistance légale, se maintenir dans les positions qui leur restent et regagner les positions perdues. On retient ou on ressaisit ce qui échappe, mais non ce qui tombe en poussière. Le privilége n'est plus ; la démocratie ne reculera point. Contraintes de subir le droit du plus nombreux, les classes qui se nomment elles-mêmes les classes élevées ne peuvent conserver leur hégémonie politique qu'en invoquant le droit du plus capable. Il faut que, derrière l'enceinte croulante de leurs prérogatives et de la tradition, le flot de la démocratie se heurte à un second rempart fait de mérites éclatants et utiles, de supériorités dont le prestige s'impose, de capacités dont on ne puisse pas se priver sans folie.

Je n'ai pas, croyez-le bien, la prétention que mon idée, sous sa forme présente, suffise pour assurer de si vastes résultats. L'œuvre que j'entreprends n'est qu'une très-petite partie de la tâche immense qui incombe à la France; sa forme même n'est pas définitive. Au milieu des énormes difficultés de l'heure actuelle, je ne me suis pas flatté de mener l'édifice jusqu'au faîte, j'ai cherché surtout à esquisser, dès le premier jour, un plan d'une grande largeur, et tel que la place fût faite d'avance à toutes les additions de l'avenir. Ce sera au temps, au progrès de l'esprit, à faire le reste et à constituer, dans toute la richesse de son organisation, la *Faculté libre d'enseignement supérieur*. Vous embarquerez-vous avec moi sur ma nef penchante? — Dussions-nous échouer, je crois qu'il y aura quelque honneur à n'avoir pas désespéré de l'avenir, et à nous être aventurés les premiers, pour sauver, autant qu'il est en nous, le culte du savoir et l'empire de l'esprit.

Émile BOUTMY.

COURS INTÉRIEURS (politique).

I. **Histoire sociale de l'Europe et du nouveau monde. depuis la Révolution française.**

Mouvement des faits et des idées relatifs à l'organisation de la société.

II. **Histoire constitutionnelle de l'Europe et du nouveau monde, depuis 1776.**

Étude comparée des constitutions politiques des différents États.

III. **Histoire législative de l'Europe et du nouveau monde, depuis 1789.**

Esprit et progrès du droit civil et criminel chez les peuples civilisés.

IV. **Histoire administrative de l'Europe et du nouveau monde, depuis le dix-septième siècle.**

Tableau des systèmes d'administration appliqués dans tous les pays.

V. **Histoire diplomatique de l'Europe depuis le traité de Westphalie.**

Antécédents et analyse des traités conclus entre les puissances.

VI. **Histoire économique de l'Europe et du nouveau monde, depuis le dernier siècle.**

Mouvement des faits et des idées de cet ordre, depuis Ad. Smith.

VII. **Histoire militaire de l'Europe et du nouveau monde, depuis Frédéric II.**

Progrès de l'art et des moyens de faire la guerre, et critique des institutions militaires chez tous les peuples.

COURS EXTÉRIEURS (sciences, lettres et arts).

I. Esquisse du mouvement philosophique contemporain en Angleterre.

II. Tableau des derniers progrès de la critique historique en Allemagne.

III. Revue des dernières découvertes relatives à la parenté des races et à la filiation des langues.

IV. Tableau des progrès de l'anthropologie et des sciences biologiques.

V. Analyse des grandes théories qui ont renouvelé les sciences physiques et mathématiques depuis le commencement du siècle.

VI. Esquisse du mouvement littéraire européen, depuis le romantisme.

VII. Analyse des travaux critiques relatifs à l'histoire des beaux-arts, et revue du mouvement artistique européen.

A M. Émile Boutmy.

Paris, 27 février 1871.

Mon cher ami,

Je vous ai lu et je m'empresse de vous dire que vous
pouvez être assuré de mon concours. Vous avez eu là
une idée si grande, si heureuse, si utile surtout, que
j'ai hâte de la voir entrer dans le domaine des faits.
Nous serons deux, puisque vous voulez bien me demander d'être de moitié avec vous dans la création de
ce couronnement de l'éducation du collége ; nous serons deux dans l'organisation d'une Faculté libre ; dans
l'accomplissement d'une tâche dont les difficultés ne
sauraient nous rebuter, étant soutenus l'un et l'autre
par un sentiment tout patriotique, par le vif désir de
rendre l'élite de la jeunesse française plus avisée, plus
sage, moins exposée à être dupe des charlatans politiques et autres, et nourrie à son entrée dans le monde
d'idées justes, saines et précises sur les hommes et les
choses de son temps.

Est-ce de notre part un espoir chimérique, un excès d'ambition? Permettez-moi, mon cher ami, de développer à mon tour ce qui m'autorise à croire le contraire, et ce qui me pousse à m'associer si librement et si franchement à vos efforts.

Depuis longtemps, on parle de la nécessité de répandre l'instruction dans les classes ouvrières ; ce que nous voulons, nous, c'est qu'une instruction solide vienne remplacer dans les classes riches ou aisées, chez les hommes de loisir, cette culture superficielle de l'esprit que la seule lecture des revues et des journaux suffit pour donner. Le pauvre aura, en quelque sorte, le droit d'être ignorant tant que l'instruction ne sera pas obligatoire. Chez le riche, c'est une tache, un détestable exemple.

Il faut bien l'avouer, le Français, si spirituel autrefois, ingénieux et pénétrant toujours, est fondamentalement léger et paresseux, dans les villes principalement. Cette vérité peut paraître banale; ce qui l'est moins, je le crois, c'est que la paresse accompagne souvent le bien-être et la prospérité chez un peuple. Elle s'établit et s'incruste dans ces civilisations *superfines*, où d'un côté on ne sait qu'inventer pour satisfaire le goût du plaisir, tandis que de l'autre le développement excessif des intérêts matériels et des jouissances étouffe le développement de l'esprit. En vérité, je ne sais rien qui alourdisse plus les âmes.

Regardez autour de vous, mon cher ami, et voyez où en est notre jeunesse bourgeoise. Rendre le travail facile, faire en sorte qu'au bout de quelques mois et sans trop contrarier le *far niente*, dont ils savourent penpant trois ou quatre années les douceurs, les candidats puissent obtenir les titres qui doivent leur ouvrir l'accès de la vie professionnelle, voilà le vœu le plus cher des familles, voilà l'ambition des instituteurs *ad hoc* et des répétiteurs. S'agit-il d'une école plus spéciale, d'une école savante pour laquelle une forte préparation est nécessaire, on se repose après ce grand et unique effort toute la vie. Le temps se chargera du reste. Laissez-vous aller au courant administratif, il vous portera mollement où vous devez arriver. Si, par hasard, un esprit plus vif, séduit par l'attrait des études spéculatives, veut mettre seulement le bout du pied sur le terrain de la vraie science; s'il se laisse prendre par elle des heures que d'autres donneraient à la paperasserie bureaucratique ou à la vie de salon, vite l'administration prend l'alarme et s'empresse de faire sentir à l'imprudent l'inconvenance de s'élever au-dessus du niveau marqué par la vieille médiocrité officielle.

J'aurais beau jeu, si j'osais parler de nos jeunes officiers trop peu jaloux malheureusement de profiter des livres, cartes et plans, de toutes les richesses accumulées au dépôt de la guerre. Les grands travaux de l'Allemagne sur le nouvel art militaire sont lettre close, je le crains, pour l'état-major français. Mais je ne veux point mettre ici le doigt sur une plaie saignante encore, et raviver ainsi nos douleurs.

Ce manque d'instruction solide, je dirai même élémentaire, ou de propension vers la haute culture de l'esprit, qui se trahit dans nos assemblées, ne l'avons-nous pas déploré cent fois, mon cher ami? Et cependant, nous autres Français, quelle confiance n'avons-nous point dans notre génie, dans notre perspicacité, qui, selon nous, nous dispensent d'apprendre ! Sous ce point de vue, notre infériorité est flagrante. Rappelons-nous Canning et son flot d'éloquence classique. Canning au parlement citait Homère en grec et même il était compris. Chez nous, la basse démocratie (pour moi il y a deux sortes de démocratie) conspue le savoir, et nos gouvernants ne savent pas l'employer. Soyez homme politique, chef de parti, ministre, et l'on vous pardonnera de n'être qu'un ignorant. Où est Ancône ? demandait avec inquiétude Casimir Périer, à la veille d'y envoyer des troupes. On raconte qu'un jeune ministre félicitait un jour M. Jules Sandeau du magnifique talent de sa mère. Il n'y a pas bien longtemps un tribun souvent acclamé par la foule, mais moins instruit qu'éloquent (voir le *Bulletin de la république*, à Bordeaux), accusait Louis XIV d'avoir placé sur le trône d'Espagne..... un Prussien !

Elle est partout, cette ignorance épaisse. Je me souviens d'un vieil artiste (il était, je n'ose le dire, de l'Institut), qui croyait que le coton venait d'un ver. C'était cependant un homme de mérite, mais placé sous l'empire d'un préjugé, malheureusement trop répandu dans les ateliers, que le savoir nuit au talent. On appelle cela ne point se disperser. Que la magistrature me le pardonne, elle aussi plonge dans ces ténèbres. Hélas ! me disait un célèbre avocat-général : « Que savent messieurs de la cour, en dehors du code ? Rien ! » Serait-ce aussi pour ne pas se disperser ?

Savoir son code, rien que son code, tel est le mot de la situation. Les gens de lettres exceptés, et quelques esprits hors ligne, en France, chacun ne sait que son code, c'est-à-dire n'y possède que la somme d'instruction nécessaire pour exercer sa profession. J'exceptais les gens de lettres, erreur. Nous les connaissons, ces écrivains, délices des cabinets de lecture, fabricants de romans historiques ; tous les jours ils nous prouvent qu'ils n'ont jamais lu que leurs écrits. Au train dont nous allons, l'espèce de ceux qui aiment à donner de l'espace à leur esprit deviendra une espèce rare.

Un fin connaisseur remarquait un jour que Montesquieu savait faire dire aux petites phrases de grandes choses. Nos grandes phrases ne disent que de petites choses. Et dans quel temps, bon Dieu ! se permet-on ce langage emphatique, oriental ? Justement au moment même où la fortune de la France s'amoindrit. D'où vient cette fausse rhétorique qui agace les gens de goût et qui à l'étranger prête à rire à nos dépens ? Du vide d'idées. Nous ne pensons pas ou nous pensons mal, parce que nous ne savons rien ou presque rien. « La direction de l'ignorance, a dit une femme de génie, c'est ce qu'il y a de plus redoutable, car aucun livre ne fait de mal à celui qui les lit tous. » Le sens droit, la fermeté de jugement, ces dons que l'étude prend en germe, qu'elle développe et fortifie baucoup plus qu'on ne le croit, ne sont point assez communs pour que les intelligences ordinaires puissent se permettre l'ignorance. Les paresseux ont beau soutenir le contraire, la passion ou l'intérêt ont plus de prise sur l'ignorant peu accoutumé à se mouvoir dans la sphère des idées. D'ordinaire, c'est par le mauvais côté qu'il prend les questions : de là tant d'idées aussi sottes que dangereuses, qui tombent dans les bas-fonds de la société, où elles allument des feux souterrains.

En France on ne lit qu'à demi.

Le mal est profond. Est-il guérissable? nous l'espérons, car le remède existe. Il est dans le couronnement de l'éducation. Ce qui n'est pas moins évident, c'est que le haut enseignement du Collége de France et de la Sorbonne, par ses limites mêmes, est loin de pouvoir suffire aux exigences morales d'une société comme la nôtre, où tout est confusion et doit être confusion à la suite de nos malheurs; où tout est horriblement compliqué, parce que peu de choses sont à leur place; où tout est mis en question, parce que l'arrogance des esprits y remplace trop souvent les lumières et le sentiment du devoir. Si je m'incline devant le talent des professeurs, devant leur célébrité européenne, je suis obligé, comme vous, de reconnaître qu'ils ne peuvent rien pour transformer une institution créée pour d'autres générations, et dont l'objectif d'ailleurs diffère singulièrement du nôtre. Non, ce ne sera point au Collége de France que se refera ce que vous appelez si justement *une tête de nation.*

A quoi tendons-nous? A combler les lacunes d'un enseignement de haute volée, mais sans unité, enseignement purement scientifique, et dont beaucoup de branches d'études, malgré tout, sont exclues. Notre désir, c'est de faire entrer dans la dernière période de l'éducation les sciences politiques et sociales; nous voulons, aidés par l'unité de direction, créer un vaste et élastique ensemble, un tout harmonieux qui embrasse la vie et la société modernes. Nous voulons sur-

tout montrer le génie moderne dans sa mobilité fé-
conde et jusque dans ses tressaillements. A ces études
contemporaines, qui prendront le siècle sur le vif, nous
agraferons parfois l'étude des anciens, nos précurseurs
dans la plupart des voies de l'intelligence humaine et
très-souvent nos maîtres.

Quoi! dans cette France où l'enseignement supérieur
est toujours resté ou très-flottant ou très-restreint, dans
un pays dépourvu de ces Universités qui recueillent
l'adolescent au sortir du collége, le perfectionnent, le
mûrissent, en font un homme, et par cela même lui
ouvrent la vie professionnelle ou politique, une Faculté
libre, comme celle que nous voudrions avoir l'honneur
insigne de créer, ne pourrait pas réussir? Un effort sérieux pour répandre la lumière parmi ceux dont la
mission par la fortune, la position sociale ou les aptitu-
des, est de remettre sur la voie une société déroutée;
une tentative longuement méditée pour former une
phalange d'esprits éclairés, fermes, réfléchis, capables
de réprimer ces passions bruyantes et souvent sans but
réel, dont notre pays si inflammable favorise plus que
tout autre l'action destructive; quoi! dis-je, une telle
tentative resterait infructueuse? — Je ne puis le croire,
mon cher ami.

Avant de terminer, je veux revenir sur un mot dont
j'admire comme vous la raison profonde : « C'est l'Université de Berlin qui a vaincu à Sadowa. » Quand, de
cette puissante Université, qui s'enorgueillit avec raison de ses trente-deux amphithéâtres, de ses trois cents
cours par semestre, de son peuple d'étudiants, la pensée se reporte vers la Sorbonne, vers notre Collége de

France, aujourd'hui mornes et affaissés par suite du peu de goût pour ces études sérieuses, auxquelles rien ne supplée dans la grande culture de l'esprit, pas même l'originalité naturelle et la finesse, on s'explique beaucoup mieux d'où viennent nos désastres et la décadence morale du pays. La France aveuglée l'a trop méconnu. Pendant qu'elle se pavanait au milieu de ses richesses, pendant qu'elle s'amusait, d'autres nations moins bien douées et moins aimables, mais clairvoyantes et laborieuses, s'avançaient rapidement dans les voies de la science, et, par leur activité prodigieuse, des derniers rangs arrivaient bientôt au premier. Avouons-le, la grande initiatrice des nations s'est laissée dépasser. Grâce à son facile génie, elle peut encore reconquérir le prestige perdu ; mais qu'elle y prenne garde, les moments sont précieux et le réveil doit être prompt et éclatant. Que son mot d'ordre désormais ne soit plus : Gloire et victoire ! mais celui de l'empereur Sévère : Travaillons (*laboremus*). « Le monde, disait Rossi, est à ceux qui savent. » Nous venons de l'apprendre à nos dépens.

Ernest VINET.

P. S. Paris, 1er juillet 1871.

Mon cher ami,

Entre ma lettre et ce *post-scriptum* le souffle de la mort a passé sur notre pays. Une torche à la main, le Génie de la destruction est apparu dans sa capitale ensanglantée, qui ne serait plus aujourd'hui qu'un tas de cendres et de ruines sans un héroïque effort.

Vaincue et abaissée par l'étranger, déchirée et salie par la guerre civile et servile, en lutte avec une épouvantable et risible souveraineté sortie des égouts de Paris, on pouvait croire la France perdue. Quelques mois se passent, et cette nation écrasée, abandonnée de l'Europe, et prête à s'abandonner elle-même, se relève, se retrouve, se reconnaît et se montre tout à coup au monde entier, — stupéfié par une vitalité si merveilleuse, — s'appuyant d'un côté sur une jeune et vaillante armée, de l'autre sur un monceau d'or, sur des milliards.

Je vous l'avoue, ce spectacle émouvant, imprévu, m'a transformé. Une défiance, qui n'allait point jusqu'à éteindre mon zèle, s'est changée en une confiance qui me presse d'agir. J'ai reconnu que si, à la surface, la société française paraissait frivole et peu soucieuse du devoir, au fond, et comme autant de forces latentes, résidaient l'intelligence, la virilité et l'honneur. Dirigée en ce moment par l'esprit le plus sage, par une habileté consommée, la France est appelée dans peu à reprendre son rang et sa dignité. Mais il faut qu'elle s'instruise, il faut qu'elle travaille : tel est à cette heure le cri de chacun. C'était le nôtre avant les deux guerres, c'est encore le nôtre aujourd'hui, mais avec ceci de particulier que, dans le grand mouvement de rénovation qui agite le pays, nous avons cherché quelque chose d'efficace et de fondamental, et nous avons songé à l'éducation politique de la jeunesse française (1).

Voulez-vous des législateurs, des publicistes, des ad-

_____

(1) V. le projet d'une Faculté libre des sciences politiques, par MM. Boutmy et Vinet.

ministrateurs d'une grande portée? apprenez de bonne heure aux jeunes gens à connaître la vie politique des nations, montrez-leur les principes, les lois, sur lesquels la stabilité comme la prospérité des peuples reposent; détruisez dans ces jeunes imaginations les chimères dangereuses. Montrez à leur bon sens le possible, le praticable, le réel. Par là vous formerez des hommes sérieux, appliqués, réfléchis, capables d'élever des défenses contre les sauvages du présent et les barbares de l'avenir.

Ernest VINET.

www.ingramcontent.com/pod-product-compliance
Lightning Source LLC
LaVergne TN
LVHW050332030726
842520LV00005B/1903